Alte böhmische Küche

Alte böhmische Küche

7Hill ist ein Imprint der Tandem Verlag GmbH

Autor: Klaus Teuber für NOVA Libra medien, Köln
Einbandgestaltung: agilmedien, Niederkassel
Layout & Satz: Derek Gotzen und Ulrike Jasser für NOVA Libra medien, Köln

Gesamtherstellung: Tandem Verlag GmbH, Potsdam

Printed in Hungary

ISBN 978-3-8331-5950-3

10 9 8 7 6 5 4 3 2 1

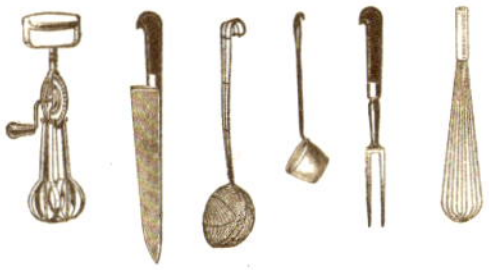

Inhalt

Einleitung

Böhmen ist heute das Kernland der Tschechischen Republik. Die Landwirtschaft erzeugt neben Getreide, Zuckerrüben und Obst auch den für das berühmte Pilsner Urquell erforderlichen Hopfen. Bei vielen Gerichten der böhmischen Küche spielt Bier darum nicht nur als Getränk eine wichtige Rolle.

Die böhmische Küche hat eine jahrhundertealte Tradition und ihren Einfluss auch in den Nachbarländern Österreich und Deutschland geltend gemacht.

Die ausgedehnten Waldgebiete mit ihren Naturschutzgebieten sind heute begehrte Ziele für Erholungssuchende und Naturliebhaber und liefern Wildbret und Fisch aus klaren, sauberen Gewässern. Trotz aller Vielfalt an süßen Knödeln und Mehlspeisen ist die böhmische Küche eine herzhafte. Bei einem Besuch in Prag sollte man darum nicht versäumen, eines der vielen Brauhäuser aufzusuchen und sich einen deftigen Schweinebraten mit einem kühlen Pils schmecken zu lassen, wie es seinerzeit schon der brave Soldat Schwejk zu schätzen wusste.

In diesem Kochbuch finden Sie eine Auswahl an einfachen Gerichten für alle Tage sowie Anregungen für feine Festgerichte. Wir wünschen Ihnen viel Freude bei der Entdeckung der böhmischen Küche und guten Appetit beim Nachkochen.

Knödel

Böhmische Kartoffelknödel

Für 4 Personen
Zubereitungszeit: 30 Minuten (ohne Wartezeit)
Koch- & Bratzeit: 25 Minuten

Einkaufsliste/Zutaten

750 g Kartoffeln
1 Zwiebel
1 Bund Petersilie
100 g Butter
4 helle Brötchen
Muskatnuss
Salz
Pfeffer
4 Eier
2 Tassen Paniermehl

Garnierung

Petersilienblättchen

Vorküche

Die Kartoffeln am Vortag in Salzwasser in der Schale in 20–25 Minuten gar kochen, schälen und erkalten lassen. Am nächsten Tag die Zwiebel schälen und sehr fein hacken. Die Petersilie abwaschen, trockenschütteln und ebenfalls fein hacken. Die Zwiebeln und die Petersilie in Butter glasig anschwitzen. Die Zwiebel-Petersilien-Masse beiseite stellen und auskühlen lassen.

Zubereitung

Die Brötchen in kaltem Wasser einweichen und anschließend gründlich ausdrücken. Die Kartoffeln auf einer Küchenreibe fein hobeln, zu der Brötchenmasse geben und mit Muskatnuss, Salz und Pfeffer würzen. Die Eier und die Zwiebelmasse zugeben und alles zu einem festen Teig verarbeiten. Sollte der Teig zu flüssig sein, kann man ihn mit Paniermehl eindicken. Einen Probeknödel formen und in heißes, aber nicht mehr kochendes Wasser geben. Wenn der Knödel auf der Wasseroberfläche schwimmt, noch weitere 3 Minuten garen lassen und dann abschöpfen. Zerfällt der Knödel, müssen weiteres Paniermehl und mehr Eier in die Knödelmasse gegeben werden. Ist die Teigkonsistenz richtig, nach und nach alle Knödel formen und in siedendem Wasser garen. Die Knödel in eine mit Paniermehl gefüllte Schüssel geben und darin wälzen, bis sie rundum paniert sind, und erkalten lassen.
Die Knödel in einer Pfanne mit reichlich Butter auf allen Seiten kräftig anbraten, bis sie eine schöne Kruste bekommen.

Servieren

Die Knödel in eine Schüssel geben und mit Petersilienblättchen bestreuen.

Merkzettel

Muskatnüsse halten sich bis zu zwei Jahren, wenn sie dunkel und luftdicht verpackt gelagert werden.

Serviettenknödel

Für 4 Personen
Zubereitungszeit: 30 Minuten
Koch- & Bratzeit: 45 Minuten

Einkaufsliste/Zutaten

6 Brötchen
500 ml Milch
3 Eier
1 Zwiebel
50 g Speck
150 g Butter
1 Bund Petersilie
Salz
1 El Mehl

Garnierung

Petersilienblättchen

Vorküche

Die Brötchen in Würfel schneiden, die Milch mit einem Ei verquirlen und über die Brötchenwürfel geben. Die Zwiebel schälen, fein würfeln, den Speck ebenfalls würfeln und mit den Zwiebelstücken in der Pfanne anrösten.

Zubereitung

Die Butter schaumig schlagen, die Petersilie waschen und fein hacken. Die Butter mit der Brötchenmasse, den Zwiebeln, dem Speck, der Petersilie, etwas Salz, den restlichen Eiern und dem Mehl mischen. Die Masse auf ein angefeuchtetes, gebuttertes und mit Mehl bestäubtes Leinentuch oder eine Serviette legen, zu einer Rolle formen und an den Enden mit Küchengarn abbinden. Die Rolle an einen Kochlöffel binden und in siedendes Salzwasser hängen. Etwa 40 Minuten garen lassen, kurz abschrecken und den Knödel aus dem Leinentuch wickeln.

Servieren

Den Knödel mit einem Faden in fingerdicke Scheiben schneiden, auf einer vorgewärmten Platte anrichten und mit Petersilienblättchen bestreut servieren.

Merkzettel

Serviettenknödel sind aufgrund ihrer lockeren Konsistenz ein idealer Soßenträger.

Böhmische Hefeknödel

Für 4 Personen
Zubereitungszeit: 25 Minuten
Koch- & Bratzeit: 35 Minuten

Einkaufsliste/Zutaten

½ Hefewürfel
500 g Mehl
1 Prise Salz
2 Eier
6 Scheiben Toastbrot
2 El Butter
Öl
Alufolie
1 El Schnittlauchröllchen

Vorküche

Die Hefe in etwas lauwarmem Wasser auflösen und mit dem Mehl, Salz und den Eiern zu einem Teig verarbeiten. Die Toastscheiben in Würfel schneiden und in Butter kross anbraten.

Zubereitung

Die Toastwürfel zu dem Teig geben und alles gut durchkneten. Aus dem Teig zwei Rollen formen und in die mit Speiseöl bestrichene Alufolie fest einwickeln. In einem ausreichend großen Topf Wasser erhitzen, die Rollen hineingeben und mindestens 30 Minuten auf kleiner Flamme sieden lassen. Die Rollen vorsichtig aus dem Wasser heben, auswickeln und in fingerdicke Scheiben schneiden.

Servieren

Die Knödelscheiben auf einer vorgewärmten Platte anrichten und mit den Schnittlauchröllchen überstreuen.

Merkzettel

Hefeknödel sind sehr saugfähig und eignen sich besonders gut als Beilage zu Gerichten mit viel Soße wie z. B. Gulasch oder Sauerbraten.

Suppen & Eintöpfe

Böhmische Knoblauchsuppe

Für 4 Personen
Zubereitungszeit: 15 Minuten (ohne Wartezeit)
Koch- & Bratzeit: 30 Minuten

Einkaufsliste/Zutaten

1 Scheibe Weißbrot
1 El Öl
1 El Mandelstifte
5 Knoblauchzehen
2 El Weißwein
500 ml Geflügelbrühe

Garnierung

1 El Schnittlauchröllchen

Vorküche

Das Weißbrot würfeln, in Öl goldbraun anrösten und die Mandelstifte zugeben.

Zubereitung

Die Knoblauchzehen schälen, durch eine Presse drücken und zu den Brotwürfeln geben. Alles mit dem Weißwein und der Geflügelbrühe aufgießen und etwa 20 Minuten köcheln lassen.

Servieren

Die Knoblauchsuppe in vorgewärmte Suppenteller verteilen, mit den Schnittlauchröllchen garnieren und noch heiß zu Tisch bringen.

Merkzettel

Knoblauch gehört zu den Liliengewächsen und ist ausgesprochen gesund. Er enthält mehrere Antibiotika gegen Bakterien und Pilze und hemmt die Verklumpung roter Blutkörperchen.

Prager Kartoffelsuppe

Für 4 Personen
Zubereitungszeit: 25 Minuten
Kochzeit: 45 Minuten

Einkaufsliste/Zutaten

500 g Kartoffeln
1 ½ l Fleischbrühe
1 Bund Suppengrün
Kümmel
Majoran
50 g Butter
1 Zwiebel
1 Knoblauchzehe
30 g Mehl
20 g getrocknete Steinpilze
Salz
Weißer Pfeffer aus der Mühle
250 ml saure Sahne
1 Eigelb

Garnierung

Petersilienblättchen

Vorküche

Die Kartoffeln waschen, schälen, in Würfel schneiden und mit der Fleischbrühe aufsetzen. Das Suppengrün putzen, klein schneiden, in die Suppe geben und mit Kümmel und Majoran würzen.

Zubereitung

In der Zwischenzeit die Butter erhitzen und die in Würfeln geschnittene Zwiebel sowie die zerdrückte Knoblauchzehe darin glasig anschwitzen. Das Mehl einrühren und kurz durchrösten. Die Kartoffelsuppe durch ein Sieb streichen und einen kleinen Teil vom Gemüse und den Kartoffelwürfeln zurücklassen. Die Mehlschwitze mit der Suppe aufgießen, die eingeweichten Steinpilze zugeben und alles etwa 15 Minuten köcheln lassen. Die Suppe weitere 30 Minuten köcheln lassen und die restlichen Kartoffelwürfel und das Gemüse zugeben. Die Suppe mit Salz und Pfeffer abschmecken. Die saure Sahne mit dem Eigelb verrühren und die Suppe damit legieren.

Servieren

Die Suppe in vorgewärmte Suppenteller verteilen, mit Petersilienblättchen bestreuen und noch heiß servieren.

Merkzettel

Steinpilze haben einen leicht nussigen Geschmack und gedeihen von Juli bis Oktober. Sie gehören neben Trüffeln und Pfifferlingen zu den Edelpilzen.

Enteneintopf

Für 4 Personen
Zubereitungszeit: 30 Minuten
Koch- & Bratzeit: 1 Stunde

Einkaufsliste/Zutaten

1 Ente (etwa 1,5 kg)
Salz
Schwarzer Pfeffer aus der Mühle
1 El Butterschmalz
2 l Geflügelfond
1 Salatgurke
2 Eigelbe
1 Becher Sahne

Garnierung

1 El Schnittlauchröllchen

Vorküche

Die Ente sorgfältig waschen und abtrocknen, salzen und pfeffern. Das Butterschmalz in einem Bräter erhitzen und die Ente von allen Seiten goldbraun anbraten. Den Geflügelfond erhitzen, zu der Ente geben und etwa 60 Minuten köcheln lassen.

Zubereitung

Die Ente aus dem Bräter heben, tranchieren, das Fleisch in Würfel schneiden und beiseite stellen. Die Salatgurke schälen, entkernen, würfeln, in kochendem Wasser kurz blanchieren und in kaltem Wasser abschrecken. In einer Schüssel die Eigelbe mit der Sahne verrühren, etwas Fleischsaft zufügen und die Suppe damit binden. Mit Salz und Pfeffer abschmecken, die Fleischstücke und die Gurkenwürfel zugeben und nochmals alles aufkochen lassen.

Servieren

Die Suppe in vorgewärmte Suppenteller füllen und mit Schnittlauchröllchen bestreuen. Als Beilage schmeckt eine Scheibe geröstetes Weißbrot.

Merkzettel

Wer es besonders delikat mag, kann auch zwei Entenbrüste nehmen, die eine kürzere Garzeit haben.

Graupensuppe mit Räucherspeck

Für 4 Personen
Zubereitungszeit: 30 Minuten
Kochzeit: 1 Stunde

Einkaufsliste/Zutaten

500 g Räucherspeck
100 g feine Graupen
200 g Kartoffeln
¼ Sellerieknolle
1 Petersilienwurzel
1 Stange Lauch
3 Möhren
2 Zwiebeln

Garnierung

2 El Petersilienblättchen

Vorküche

Den Speck in 2 l kaltem Wasser zum Kochen bringen und etwa 60 Minuten garen lassen. In der Zwischenzeit die Graupen in einem separaten Topf in kaltem Wasser aufsetzen, aufkochen, in ein Sieb schütten und mit kaltem Wasser übergießen. Die Graupen zu dem Speck geben und mitkochen lassen.

Zubereitung

Die Kartoffeln waschen, schälen und in Würfel schneiden. Sellerie, Petersilienwurzel, Lauch und Möhren putzen und in kleine Würfel schneiden. Die Zwiebel schälen und fein hacken. Alles bis auf das Lauch etwa 20 Minuten vor Ende der Kochzeit in die Suppe geben und garen lassen. Das Lauch nur 10 Minuten mitgaren, damit es bissfest bleibt. Den Speck aus der Suppe nehmen, klein schneiden und wieder zurückgeben.

Servieren

Die Graupensuppe auf vorgewärmten Tellern anrichten und mit einigen Petersilienblättchen garniert noch heiß servieren.

Merkzettel

Graupen sind geschälte, geschliffene Gerstenkörner und in kleinster Form als Perlgraupen bekannt.

Böhmische Fleckerlsuppe

Für 4 Personen
Zubereitungszeit: 15 Minuten
Kochzeit: 25 Minuten

Einkaufsliste/Zutaten

2 hart gekochte Eier
40 g Butter
2 rohe Eier
Salz
Paprika
Liebstöckel
Muskatnuss
1 El gehackter Schnittlauch
2 El Quark
2 El Mehl
1 El Milch
1 l Fleischbrühe

Garnierung

1 El Schnittlauchröllchen

Vorküche

Die gekochten Eier pellen und durch ein Sieb drücken. Die Butter erhitzen, abkühlen lassen, die Eimasse unterarbeiten und sorgfältig verrühren. Die rohen Eier aufschlagen, verquirlen, mit Salz, Paprika, Liebstöckel und Muskatnuss abschmecken und den gehackten Schnittlauch unterarbeiten.

Zubereitung

Die Butter-Ei-Masse zugeben und alles schaumig aufschlagen. Den Quark, das Mehl und die Milch zugeben und alles gut miteinander vermengen. Mit einem Teelöffel kleine Klöße formen und in siedendem Wasser vorsichtig garen lassen. Wenn die Klöße gar sind, steigen sie nach oben. Die Klöße mit einem Schaumlöffel abschöpfen und abtropfen lassen. In der Zwischenzeit die Fleischbrühe erhitzen und die Fleckerl zugeben.

Servieren

Portionieren Sie die Fleckerlsuppe in vorgewärmte Suppenteller und garnieren Sie sie mit Schnittlauchröllchen.

Merkzettel

Die Fleckerlsuppe ist eine typische Vorsuppe. Als Hauptgericht kann ein deftiges Gulasch folgen und als Nachtisch eine Portion Mohnklöße.

Rindfleischsuppe mit Reis

Für 4 Personen
Zubereitungszeit: 25 Minuten
Kochzeit: 1 Stunde

Einkaufsliste/Zutaten

500 g Suppenfleisch vom Rind
3 Pimentkörner
Salz
1 Bund Suppengrün
150 g Reis

Garnierung

1 Tl Petersilienblättchen

Vorküche

Das Fleisch kalt abwaschen und mit den Pimentkörnern in kochendes Salzwasser geben. Bei mäßiger Hitze 1 Stunde garen lassen.

Zubereitung

In der Zwischenzeit das Suppengrün waschen, putzen und fein würfeln. Den Reis waschen und mit dem Suppengrün in die Brühe geben. Wenn der Reis gar ist, die Suppe abschmecken, das Fleisch herausnehmen, klein schneiden und wieder hinzufügen.

Servieren

Die Suppe in eine Suppenterrine füllen und mit den Petersilienblättchen bestreuen, noch heiß zu Tisch bringen.

Merkzettel

Zusätzlich kann die Suppe noch mit Spargelköpfen, Champignons oder jungen Erbsen verfeinert werden.

Kartoffel- & Gemüsegerichte

Böhmischer Kartoffelsalat

Für 4 Personen
Zubereitungszeit: 20 Minuten (ohne Wartezeit)
Koch- & Bratzeit: 30 Minuten

Einkaufsliste/Zutaten

1 kg Kartoffeln
6 El Öl
2 El Weinessig
125 ml Fleischbrühe
1 Zwiebel
Salz
Weißer Pfeffer aus der Mühle
200 g Speck

Garnierung

1 El gehackte Petersilie
2 geviertelte, hart gekochte Eier

Vorküche

Die Kartoffeln waschen und in Salzwasser in 20–25 Minuten gar kochen. In der Zwischenzeit aus 4 El Öl, Essig, heißer Fleischbrühe, fein gehackter Zwiebel, Salz und Pfeffer eine Marinade anrühren.

Zubereitung

Die Kartoffeln abgießen, noch heiß pellen, in Scheiben schneiden und die Marinade darüber gießen. Den Speck in feine Würfel schneiden, in 2 El Öl auslassen und ebenfalls über die Kartoffeln geben. Den Kartoffelsalat vorsichtig mischen und für mindestens 1 Stunde im Kühlschrank ziehen lassen.

Servieren

Den Kartoffelsalat mit Petersilie bestreuen und mit den Eiervierteln garnieren.

Merkzettel

Für Kartoffelsalate gibt es eine Vielzahl von leckeren Rezepten. Jede böhmische Hausfrau hat hier ihre spezielle Rezeptur.

Bohnengulasch

Für 4 Personen
Zubereitungszeit: 25 Minuten (ohne Wartezeit)
Koch- & Bratzeit: 2 Stunden

Einkaufsliste/Zutaten

300 g weiße Bohnen
200 g Rinderhaxe
2 Zwiebeln
100 g Schmalz
30 g Mehl
Salz
½ Tl edelsüßes Paprikapulver

Garnierung

Bauernbrot

Vorküche

Die Bohnen über Nacht in kaltem, ungesalzenem Wasser einweichen. Gegebenenfalls Wasser nachgeben und die Bohnen bei mäßiger Hitze in 1 ½–2 Stunden gar kochen. Das Fleisch gründlich abwaschen, trockentupfen, in Würfel schneiden und salzen.

Zubereitung

Die Zwiebeln schälen, klein hacken und mit dem Fleisch in Schmalz anbraten. Etwas Wasser angießen und mit geschlossenem Deckel etwa 45 Minuten garen lassen. Das Fleisch aus dem Topf nehmen, den verbliebenen Bratensaft mit Mehl bestäuben, bräunen, mit etwas Wasser verrühren und kurz aufkochen lassen. Die Bohnen und das Fleisch in den Topf geben und alles gut miteinander vermischen. Mit Salz und Paprika abschmecken.

Servieren

Das Bohnengulasch auf vorgewärmten Tellern anrichten und mit einer Scheibe kräftigem Bauernbrot noch heiß servieren.

Merkzettel

Bohnen sollten immer gekocht verzehrt werden, weil beim Kochvorgang das unbekömmliche Phasin zerstört wird.

Jägerkohl

Für 4 Personen
Zubereitungszeit: 20 Minuten
Koch- & Bratzeit: 1 ¼ Stunden

Einkaufsliste/Zutaten

1 ganzer Weißkohl (etwa 1 kg)
100 g fetter Speck
2 Zwiebeln
250 ml Fleischbrühe
2 El Weißweinessig
Salz
Weißer Pfeffer aus der Mühle
1 Tl Kümmel
1 El Zucker

Garnierung

Schnittlauchröllchen

Vorküche

Den Kohl von den äußeren welken Blättern befreien, vierteln und den Strunk entfernen. Den Kohl in etwa ½ cm starke Streifen schneiden oder hobeln. Unter fließendem Wasser abspülen und sorgfältig abtropfen lassen.

Zubereitung

Den Speck in feine Würfel schneiden und mit den geschälten und gehackten Zwiebeln in einem Topf glasig anschwitzen. Den Kohl zugeben und unter ständigem Rühren etwa 8 Minuten anschwitzen. Die heiße Fleischbrühe angießen und alles mit Essig, Salz, Pfeffer, Kümmel und Zucker abschmecken. Den Jägerkohl etwa 60 Minuten garen lassen.

Servieren

Vor dem Servieren nochmals abschmecken und gegebenenfalls erneut mit Essig und Zucker nachwürzen, damit der Kohl eine süß-saure Note bekommt. Den Jägerkohl in einer vorgewärmten Schüssel anrichten und mit den Schnittlauchröllchen überstreuen.

Merkzettel

Jägerkohl wird gerne zu einer Portion Gulasch mit Kartoffelknödeln gereicht.

Böhmische Reibekuchen

Für 4 Personen
Zubereitungszeit: 40 Minuten
Bratzeit: 20 Minuten

Einkaufsliste/Zutaten

500 g Kartoffeln
2 Eier
Salz
Weißer Pfeffer aus der Mühle
Majoran
150 g Mehl
1 Knoblauchzehe
250 ml Pflanzenöl
Apfelkompott

Vorküche

Die Kartoffeln waschen, schälen und fein reiben. Die Eier in die Kartoffelmasse geben und alles gut miteinander verrühren. Kräftig mit Salz, Pfeffer und Majoran würzen. Nach und nach das Mehl untersieben, den geschälten und zerdrückten Knoblauch unterarbeiten.

Zubereitung

Das Öl in einer Pfanne erhitzen und mit einer Schöpfkelle den Teig hineingleiten lassen. Den Reibekuchen auf beiden Seiten goldbraun braten, aus der Pfanne nehmen und warm stellen. So verfahren, bis die gesamte Kartoffelmasse aufgebraucht ist.

Servieren

Die Reibekuchen noch warm zu Tisch bringen und Apfelkompott dazu reichen. Als Getränk schmeckt ein frisches Pils.

Merkzettel

Übrig gebliebene Reibekuchen schmecken am nächsten Tag mit einer Scheibe kräftigem Schwarzbrot.

Fleischgerichte

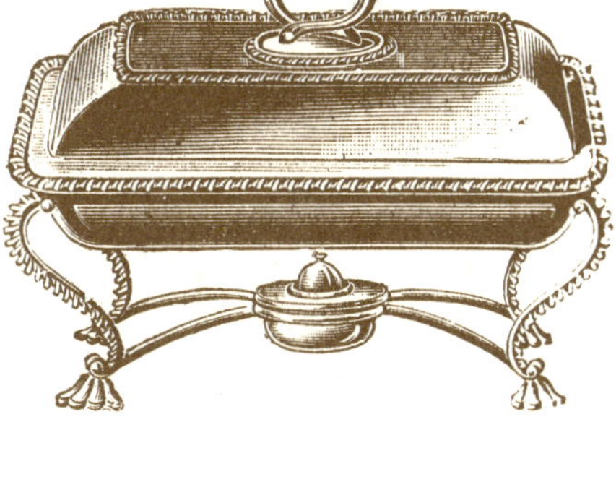

Prager Schnitzel

Für 4 Personen
Zubereitungszeit: 20 Minuten
Bratzeit: 15 Minuten

Einkaufsliste/Zutaten

4 Schweineschnitzel
2 Tl Senf
1 El Paprikapulver
1 El Mehl
50 g durchwachsener Speck
2 gewürfelte Zwiebeln
1 El Öl

Garnierung

Zitronenvierteln

Vorküche

Das Fleisch unter fließendem Wasser gründlich abspülen und trockentupfen. Die Schnitzel dünn mit Senf einstreichen. Das Paprikapulver mit dem Mehl vermischen, die Schnitzel darin wenden, auf ein Kuchengitter legen und die Mehlschicht antrocknen lassen.

Zubereitung

Den Speck mit den Zwiebeln in einer Pfanne anbraten. Die Speck-Zwiebel-Masse herausnehmen und beiseite stellen. Die Schnitzel im verbliebenen Fett von jeder Seite 3–4 Minuten anbraten und bei schwacher Hitze ca. 4–5 Minuten garen lassen. Speck und Zwiebeln zu den Schnitzeln geben und alles nochmals erhitzen.

Servieren

Die Schnitzel auf vorgewärmten Tellern anrichten, mit je einem Zitronenviertel dekorieren und Kartoffelsalat dazu reichen.

Merkzettel

Die Schnitzel schmecken auch kalt gut mit einer Scheibe kräftigem Landbrot und einem Klecks Senf.

Böhmisches Lammragout

Für 4 Personen
Zubereitungszeit: 20 Minuten
Kochzeit: 1 ½ Stunden

Einkaufsliste/Zutaten

750 g mageres Lammfleisch
(Nacken oder Keule)
500 ml Rinderbrühe
10 weiße Pfefferkörner
1 Lorbeerblatt
6 Eigelbe
50 g Puderzucker
½ Tl Safran
1 Prise Zimt
2 dl Weißwein
1 Tl Himbeeressig

Garnierung

Petersilienblättchen

Vorküche

Das Fleisch gründlich abwaschen, von überschüssigem Fett befreien und in Würfel schneiden. Die Rinderbrühe zum Kochen bringen, Lammfleisch, Pfefferkörner und Lorbeerblatt zugeben und alles auf kleiner Flamme etwa 1 Stunde garen lassen.

Zubereitung

Die Fleischstücke aus dem Sud nehmen, abtropfen lassen, in eine Schüssel geben und warm stellen. Die Eigelbe mit Puderzucker, Safran und einer Prise Zimt in einer Metallschüssel mit dem Schneebesen verrühren. Die Schüssel in ein Wasserbad stellen und unter ständigem Rühren tropfenweise Wein und Essig zufügen und zu einem Weinschaum aufschlagen.

Servieren

Den Weinschaum über das Fleisch geben, alles mit den Petersilienblättchen bestreuen und sofort servieren. Als Beilage passt eine Portion Reis.

Merkzettel

Safran ist das teuerste Gewürz der Welt, und der Kilopreis kann bis zu 2.000 € betragen. Ein Safranpflücker schafft allenfalls, 60–80 g pro Arbeitstag zu ernten.

Gulasch mit Gurken

Für 4 Personen
Zubereitungszeit: 25 Minuten
Koch- & Bratzeit: 1 ¼ Stunden

Einkaufsliste/Zutaten

500 g Rindfleisch
500 g Schweinefleisch
4 mittelgroße Zwiebeln
Öl zum Braten
Paprikapulver
Salz
Weißer Pfeffer aus der Mühle
Kümmel
80 g Mehl
8 Gewürzgurken
2 Tomaten
Majoran

Garnierung

Petersilienblättchen

Vorküche

Das Fleisch waschen, trockentupfen und von überschüssigem Fett und Sehnen befreien. Die Zwiebeln schälen, klein hacken und in heißem Öl goldgelb rösten.

Zubereitung

Die Zwiebeln mit Paprikapulver bestreuen und das Fleisch zugeben. Kräftig mit Salz, Pfeffer und Kümmel würzen. So viel Wasser angießen, dass das Fleisch eben bedeckt ist, und alles etwa 45 Minuten schmoren lassen. Wenn das Fleisch gar ist, herausnehmen und den Bratensaft reduzieren lassen, mit Mehl überstäuben, gut verrühren und das Fleisch zurückgeben. In der Zwischenzeit die Gurken würfeln, Tomaten abziehen, klein schneiden und zu dem Fleisch geben. Alles noch einmal 20 Minuten köcheln lassen und zum Schluss mit Majoran würzen.

Servieren

Das Gulasch in eine vorgewärmte Suppenterrine geben und mit Petersilienblättchen bestreuen. Als Beilage schmecken böhmische Hefeknödel.

Merkzettel

Paprikapulver darf während des Bratvorgangs nicht verbrennen, da es sonst bitter wird und das Gericht verdirbt.

Prager Schinken

Für 4 Personen
Zubereitungszeit: 20 Minuten (ohne Wartezeit)
Koch- & Backzeit: 4 Stunden

Einkaufsliste/Zutaten

1 Prager Schinken (etwa 1 kg)
1 kg Brotteig vom Bäcker
1 Eigelb
1 El Butter

Garnierung

Frischer geriebener Meerrettich

Vorküche

Den Schinken über Nacht wässern und am nächsten Tag in frischem Wasser etwa 1 Stunde kochen.

Zubereitung

Die Schwarte vom Schinken entfernen. Den Brotteig ausrollen und den Schinken sorgfältig darin einschlagen, damit beim Backen kein Saft austreten kann. Den Teig mit Eigelb einpinseln und den Schinken in eine gut ausgebutterte Bratpfanne legen. In den auf 200 °C vorgeheizten Backofen stellen und in etwa 2–3 Stunden gar backen.

Servieren

Den Schinken zu Tisch bringen, noch warm aufschneiden und frisch geriebenen Meerrettich dazu reichen. Als Getränk schmeckt ein kühles Glas Pilsener.

Merkzettel

Meerrettich hat einen extrem scharfen Geschmack und ist dabei völlig geruchlos. Er sollte nicht gekocht werden, da dann das pikante Aroma verloren geht.

Tafelspitz

Für 4 Personen
Zubereitungszeit: 30 Minuten
Kochzeit: 2 ½ Stunden

Einkaufsliste/Zutaten

500 g Knochen
Salz
1 kg Rindfleisch
(Tafelspitzstück oder aus der Hinterkeule)
1 Bund Suppengrün
1 Zwiebel
8 weiße Pfefferkörner

Garnierung

Sahnemeerrettich

Vorküche

Die Knochen in gut 2 l Salzwasser zum Kochen bringen. In der Zwischenzeit das Fleisch kalt abwaschen, trockentupfen und mit dem geputzten Suppengrün, der geschälten, halbierten Zwiebel und den Pfefferkörnern in die Brühe geben.

Zubereitung

Die Suppe einmal kräftig aufkochen lassen und bei mäßiger Hitze etwa 2 ½ Stunden sieden lassen. Hin und wieder den sich bildenden Schaum mit einem Schaumlöffel entfernen. Nach Ende der Garzeit das Fleisch herausnehmen, abtropfen lassen und in fingerdicke Scheiben schneiden.

Servieren

Die Fleischscheiben auf einer vorgewärmten Fleischplatte anrichten und frisch zubereiteten Sahnemeerrettich dazu reichen. Als Beilage schmecken Bouillonkartoffeln.

Merkzettel

Bei der Zubereitung von Tafelspitz entsteht eine schmackhafte Bouillon, die als Vorsuppe gereicht werden kann.

Schweinebraten mit Bier

Für 4 Personen
Zubereitungszeit: 30 Minuten
Koch- & Bratzeit: 2 Stunden

Einkaufsliste/Zutaten

1 kg Schweinebraten mit Schwarte
Salz
Weißer Pfeffer aus der Mühle
1 Tl Nelken
1 Zwiebel
1 Lorbeerblatt
2 Knoblauchzehen
½ Tl Senf
½ Tl Honig
½ Tl Tomatenmark
125 ml Pilsener Bier

Garnierung

2 geviertelte Tomaten

Vorküche

Das Fleisch unter kaltem Wasser abwaschen und gründlich abtrocknen. Mit einem scharfen Messer die Schwarte rautenförmig bis fast auf das Fleisch einschneiden, kräftig salzen und pfeffern. In die so entstandenen Schnittpunkte die Nelken hineinstecken.

Zubereitung

Das Fleisch mit der Schwarte nach oben in einen Bräter legen, die Zwiebel schälen, vierteln und mit dem Lorbeerblatt zu dem Fleisch geben. Die Knoblauchzehen schälen, zerdrücken und mit dem Senf, Honig, Tomatenmark und etwas Bier zu einer Paste verarbeiten und das Fleisch damit einstreichen. Den Rest der Paste beiseite stellen. 500 ml Salzwasser zum Kochen bringen und die Hälfte an den Braten gießen. In der Zwischenzeit den Backofen auf 180 °C vorheizen und den Braten 1 Stunde garen lassen. Zwischendurch erneut mit der Paste bestreichen. Nach einer Stunde die Temperatur auf 220 °C erhöhen und eine weitere ½ Stunde garen. Den Bratenfond mit dem restlichen heißen Salzwasser ergänzen und den Braten immer wieder damit einpinseln. In der letzten ¼ Stunde die Schwarte mehrfach mit dem restlichen Bier einpinseln, damit sie schön kross wird. Nach Ende der Garzeit den Braten herausnehmen, mit Hilfe eines Elektromessers aufschneiden und warm stellen. Den Bratenfond mit heißem Wasser oder Bier aufkochen, durch ein Sieb geben und abschmecken.

Servieren

Die Bratenscheiben auf einer Platte anrichten und mit den Tomatenvierteln garnieren. Als Beilage schmecken Kartoffelklöße.

Merkzettel

Dieser deftige Schweinebraten schmeckt auch kalt auf herzhaftem Landbrot mit einem Klecks würzigem Senf.

Böhmisches Zwiebelfleisch

Für 4 Personen
Zubereitungszeit: 20 Minuten
Koch- & Bratzeit: 45 Minuten

Einkaufsliste/Zutaten

750 g Rinderfilet
4 Zwiebeln
Öl zum Braten
Salz
Weißer Pfeffer aus der Mühle
2 El Mehl
500 ml heiße Fleischbrühe

Garnierung

4 gefächerte Gewürzgurken

Vorküche

Das Filet unter fließendem Wasser abspülen, von allen Häuten befreien und gründlich trockentupfen. Mit einem scharfen Messer in etwa 2 cm lange und ½ cm breite Streifen schneiden. Die Zwiebeln schälen, halbieren und in feine Ringe schneiden.

Zubereitung

Das Öl in einem Bräter erhitzen und das Fleisch rundum etwa 10 Minuten anbraten. Die Zwiebelringe zugeben und unter ständigem Rühren weitere 10 Minuten rösten. Mit Salz und Pfeffer kräftig würzen, Mehl darüber stäuben und leicht anbräunen lassen. Die heiße Fleischbrühe angießen und alles mit geschlossenem Deckel 20 Minuten ziehen lassen.

Servieren

Das Zwiebelfleisch auf vorgewärmten Tellern anrichten und mit je einer gefächerten Gurke garnieren. Als Beilage passen sehr gut Serviettenknödel und ein frisches Glas Pils.

Merkzettel

Zwiebeln lassen sich besser schälen, wenn man sie vor der Verarbeitung kurz in heißes Wasser legt.

Böhmisches Gulasch

Für 4 Personen
Zubereitungszeit: 20 Minuten
Koch- & Bratzeit: 1 ½ Stunden

Einkaufsliste/Zutaten

250 g Rindfleisch
250 g Schweinefleisch
3 gehackte Zwiebeln
2 El Schweineschmalz
500 ml Bier
8 schwarze Pfefferkörner
1 Lorbeerblatt
1 El Kümmelkörner
½ Tasse Semmelbrösel
3 Tassen Sauerkraut

Garnierung

Petersilienblättchen

Vorküche

Das Fleisch gründlich waschen, trockentupfen, von überschüssigem Fett befreien und in Würfel schneiden.

Zubereitung

Mit den Zwiebeln in Schweineschmalz von allen Seiten scharf anbraten. Mit dem Bier ablöschen, Gewürze hinzugeben und mit den Semmelbröseln binden. Das Sauerkraut darüber geben und das Ganze mit geschlossenem Deckel etwa 1 ½ Stunden garen lassen. Hin und wieder umrühren.

Servieren

Das Gulasch in eine vorgewärmte Schüssel geben, mit Petersilienblättchen bestreuen und noch heiß zu Tisch bringen. Als Beilage schmecken Salzkartoffeln.

Merkzettel

Kümmel wirkt appetitanregend und verdauungsfördernd. Der qualitativ beste Kümmel kommt aus Holland und wird als „Amsterdamer Qualität“ bezeichnet.

Biergulasch

Für 4 Personen
Zubereitungszeit: 40 Minuten
Koch- & Bratzeit: 1 Stunde

Einkaufsliste/Zutaten

1,5 kg Schweineschulter
4 Möhren
5 Zwiebeln
200 g Kartoffeln
¼ Sellerieknolle
2 El Schmalz
Salz
Schwarzer Pfeffer aus der Mühle
Majoran
Kümmel
2 Knoblauchzehen
2 El Tomatenmark
500 ml helles Bier
250 ml saure Sahne

Garnierung

4 kleine, gefächerte Gewürzgurken

Vorküche

Das Fleisch unter fließendem Wasser gut abspülen, trockentupfen, von allem überschüssigem Fett befreien und in Würfel schneiden. Das Gemüse putzen und in feine Würfel schneiden.

Zubereitung

Das Schmalz in einem Bräter erhitzen und die Fleischwürfel von allen Seiten kräftig anbraten. Das Gemüse zugeben und alles etwa 20 Minuten schmoren lassen. Gewürze und Tomatenmark zugeben, alles gut miteinander mischen und mit dem Bier ablöschen. In den auf 200 °C vorgeheizten Backofen stellen und etwa 30 Minuten schmoren lassen. Das Fleisch aus dem Bräter nehmen und warm stellen. Die Sahne zu dem Ansatz geben und alles mit einem Stabmixer pürieren. Falls die Soße zu dickflüssig sein sollte, noch etwas Bier zufügen. Die Soße durch ein Haarsieb passieren, das Fleisch zugeben und alles gut durchmischen.

Servieren

Das Gulasch auf vorgewärmten Tellern anrichten, mit einer gefächerten Gewürzgurke garnieren und Kartoffelpüree dazu reichen. Als Getränk schmeckt ein kühles Pilsener.

Merkzettel

Majoran ist das ganze Jahr über frisch oder gerebelt zu haben und hat einen hohen Anteil an ätherischen Ölen.

Rinderrouladen

Für 4 Personen
Zubereitungszeit: 25 Minuten
Koch- & Bratzeit: 1 ¼ Stunden

Einkaufsliste/Zutaten

4 Rinderrouladen (je 200 g)
Salz
Weißer Pfeffer aus der Mühle
Scharfer Senf
50 g fetter Speck
1 Zwiebel
4 kleine Gewürzgurken
Öl zum Braten
500 ml Fleischbrühe
1 El Kartoffelstärke

Garnierung

Tomatenviertel

Vorküche

Die Rouladen waschen, mit Küchenpapier sorgfältig trockentupfen und mit dem Handballen möglichst flach drücken. Das Fleisch salzen, pfeffern und auf einer Seite mit Senf bestreichen.

Zubereitung

Den Speck in dünne Scheiben schneiden, die Zwiebel schälen und würfeln. Die Gurken sorgfältig abtropfen lassen und in feine Streifen schneiden. Die Speck- und Zwiebelwürfel mit den Gurkenstreifen auf die Rouladen verteilen und aufrollen. Mit Küchengarn oder Rouladenklammern verschließen. Das Öl in einem Bräter erhitzen und die Rouladen 10 Minuten rundum kräftig anbraten. Die heiße Fleischbrühe angießen und mit geschlossenem Deckel 60 Minuten fertig garen. Kurz vor Ende der Garzeit die Kartoffelstärke in etwas Wasser lösen und den Bratenfond damit binden.

Servieren

Die Rouladen auf Tellern anrichten, mit Tomatenvierteln garnieren, noch heiß zu Tisch bringen und Kartoffelklöße dazu reichen.

Merkzettel

Wer mag, kann zusätzlich noch klein geschnittene Sardellenfilets in die Füllung geben.

Kohlrouladen

Für 4 Personen
Zubereitungszeit: 35 Minuten
Koch- & Bratzeit: 1 ½ Stunden

Einkaufsliste/Zutaten

1 großer Weißkohlkopf
Salz
1 gehackte Zwiebel
1 Ei
500 g gemischtes Hackfleisch
Weißer Pfeffer aus der Mühle
1 El Butter

Garnierung

Petersilienblättchen

Vorküche

Den Kohl waschen, den Strunk auslösen und in Salzwasser halb gar kochen. Die Blätter vorsichtig ablösen und die dicken Rippen flach abschneiden.

Zubereitung

Einige kleinere Kohlblätter zerkleinern, mit der gehackten Zwiebel und dem Ei zu dem Hackfleisch geben, alles kräftig salzen, pfeffern und gut miteinander mischen. Die Farce auf vier große Kohlblätter verteilen, einrollen und mit Küchengarn umwickeln. In heißer Butter kräftig anbraten und bei schwacher Hitze in einem Topf etwa 1 Stunde garen.

Servieren

Die Kohlrouladen portionsweise auf vorgewärmten Tellern anrichten, mit Petersilienblättchen bestreuen, noch heiß zu Tisch bringen und Salzkartoffeln dazu reichen.

Merkzettel

Anstelle von Weißkohl kann man auch Blätter von Wirsing oder Spitzkohl verwenden.

Wild- & Geflügelgerichte

Rehrücken »Böhmische Art«

Für 4 Personen
Zubereitungszeit: 45 Minuten
Bratzeit: 30 Minuten

Einkaufsliste/Zutaten

1 Rehrücken (1,5–2 kg)
1 Tl Salz
1 Tl schwarze Pfefferkörner
4 zerdrückte Wacholderbeeren
50 g Speck
100 g Butter
125 ml Fleischbrühe
125 ml saure Sahne
2 El Mehl
2 El Rotwein
1 Tl Preiselbeeren

Garnierung

Preiselbeerkompott

Vorküche

Den Rehrücken sorgfältig von allen Häuten und Sehnen befreien. Salz, Pfefferkörner und Wacholderbeeren in einem Mörser zerstoßen, gut vermischen und den Rehrücken damit einreiben.

Zubereitung

Den Speck in kurze Streifen schneiden und den Rehrücken damit spicken. Die Butter in einem Bräter erhitzen und den Rehrücken darin rundum anbraten. Die Brühe angießen, den Rehrücken in den auf 200 °C vorgeheizten Backofen geben und etwa 30 Minuten unter häufigem Begießen garen. Den Rehrücken aus dem Ofen nehmen, das Fleisch vorsichtig ablösen, schräg aufschneiden, wieder auf dem Knochengerüst anordnen und warm stellen. Die Sahne mit dem Mehl vermischen, den Bratensaft damit binden und mit Rotwein und Preiselbeeren abschmecken.

Servieren

Den Rehrücken auf einer vorgewärmten Fleischplatte anrichten, die Soße getrennt dazu reichen. Als Beilage schmecken Serviettenknödel und ein Klecks Preiselbeerkompott.

Merkzettel

Rehfleisch von Tieren im Alter bis maximal 3 Jahren hat die beste Qualität. Das Fleisch von älteren Tieren ist oft grobfaserig und schwer verdaulich.

Wildschweinbraten

Für 4 Personen
Zubereitungszeit: 30 Minuten
Koch- & Bratzeit: 3 Stunden

Einkaufsliste/Zutaten

1 Wildschweinkeule (etwa 1–1,5 kg)
2 cl Wacholderschnaps
5 Wacholderbeeren
½ Tl Majoran
Salz
Schwarzer Pfeffer aus der Mühle
50 g Butterschmalz
4 Schalotten
125 ml Fleischbrühe
250 ml Rotwein
125 ml saure Sahne

Garnierung

Preiselbeermarmelade

Vorküche

Die Wildschweinkeule vom Metzger entbeinen lassen, unter fließendem Wasser abwaschen, von allen Häuten und Sehnen befreien und mit dem Wacholderschnaps einreiben. In einem Mörser die Wacholderbeeren zerdrücken, mit Majoran, Salz und Pfeffer mischen und das Fleisch mit der Gewürzmischung einreiben.

Zubereitung

Das Butterschmalz in einem Bräter erhitzen und die Keule rundum kräftig anbraten. In der Zwischenzeit die Schalotten schälen, klein hacken, zu dem Fleisch geben und goldbraun werden lassen. Die Fleischbrühe mit dem Wein erhitzen und die Wildschweinkeule damit ablöschen. In den auf 200 °C vorgeheizten Backofen stellen und je nach Größe der Keule 2 ½–3 Stunden garen lassen. Zwischendurch immer wieder mit dem Bratensaft übergießen. Nach Ende der Garzeit den Braten aus dem Backofen nehmen und warm stellen. Den Bratensaft durch ein Sieb gießen und gegebenenfalls entfetten. Die Sahne einrühren, abschmecken und bei Bedarf mit Salz und Pfeffer nachwürzen.

Servieren

Den Braten aufschneiden, auf einer vorgewärmten Fleischplatte anrichten und mit Preiselbeermarmelade garnieren. Als Beilage schmecken Hefeklöße und zur besseren Bekömmlichkeit ein kalter Schnaps.

Merkzettel

Der schmackhafteste Wildschweinbraten stammt von einjährigen Tieren, die bis zu 30 kg schwer werden können. Das Fleisch von älteren Tieren sollte vor der Zubereitung gebeizt werden, um es schmackhafter zu machen.

Paprikahähnchen

Für 4 Personen
Zubereitungszeit: 15 Minuten
Koch- & Bratzeit: 1 Stunde

Einkaufsliste/Zutaten

1 Hähnchen (etwa 1 kg)
Salz
Weißer Pfeffer aus der Mühle
3 Zwiebeln
100 g Butter
2 Knoblauchzehen
50 g Rosenpaprikapulver
250 ml Geflügelbrühe
1 Tl Kartoffelstärke

Garnierung

Zitronenviertel

Vorküche

Das Hähnchen sorgfältig unter fließendem Wasser abwaschen, trockentupfen, innen und außen salzen und pfeffern.

Zubereitung

Die Zwiebeln schälen, fein hacken. Die Butter in einem Bräter zerlassen, die Zwiebeln darin glasig anschwitzen und das Hähnchen von allen Seiten anbraten. Die Knoblauchzehen schälen, klein schneiden und mit dem Rosenpaprika dazugeben. Das Hähnchen bei mäßiger Hitze etwa 1 Stunde garen und hin und wieder etwas Geflügelbrühe zugeben. Nach Ende der Garzeit das Hähnchen herausnehmen und warm stellen. Die Soße durch ein Sieb passieren, mit der Kartoffelstärke binden und mit Salz und Pfeffer abschmecken.

Servieren

Das Hähnchen auf einer Platte anrichten, mit Zitronenvierteln garnieren und erst am Tisch zerteilen.

Merkzettel

Sparen Sie beim Geflügeleinkauf nicht am falschen Ende und erstehen Sie ein Tier aus Freilandhaltung. Das Fleisch ist delikater und gesünder als von Tieren aus der Massenzucht.

Gänsebraten

Für 4 Personen
Zubereitungszeit: 30 Minuten
Bratzeit: 3 Stunden

Einkaufsliste/Zutaten

1 Gans (4–6 kg)
Salz
Weißer Pfeffer aus der Mühle
1 kg Äpfel
1 Tl Beifuß
Cognac (nach Belieben)
1 El Kartoffelmehl

Garnierung

Petersiliensträußchen

Vorküche

Die Gans unter fließendem kalten Wasser gründlich abwaschen, trockentupfen und innen und außen salzen und pfeffern. Die Äpfel waschen, schälen, in Stücke schneiden und mit einigen Stängeln Beifuß in die Gans geben und die Öffnung gut zunähen.

Zubereitung

Die Gans mit der Brust nach unten in eine Bratpfanne legen, mit ¼ l heißem Wasser übergießen und in den auf 200 °C vorgeheizten Backofen stellen. Nach etwa 1 Stunde die Gans wenden und weitere 2 Stunden garen lassen. Zwischendurch immer wieder mit heißem Wasser übergießen und das Fett abschöpfen. Während der letzten Viertelstunde nicht mehr mit heißem Wasser übergießen, sondern mit kaltem Salzwasser oder Cognac, damit die Haut schön knusprig wird. Die fertig gebratene Gans herausnehmen und warm stellen. Die Soße entfetten, mit Kartoffelmehl binden und abschmecken.

Servieren

Die Gans auf einer vorgewärmten Platte anrichten und mit Petersiliensträußchen garnieren. Als Beilage passen Kartoffelknödel.

Merkzettel

Gänsefleisch ist kalorienreich und schwer verdaulich. Zur besseren Bekömmlichkeit empfiehlt sich darum ein Verdauungsschnaps.

Böhmisches Bierhähnchen

Für 4 Personen
Zubereitungszeit: 30 Minuten
Koch- & Bratzeit: 1 Stunde

Einkaufsliste/Zutaten

1 Hähnchen (etwa 1–1,5 kg)
Salz
Pfeffer
4 Zwiebeln
2 Knoblauchzehen
1 Möhre
60 g Butterschmalz
1 Rosmarinzweig
1 Lorbeerblatt
2 Flaschen Bier
500 g Champignons
1 Dose Kidneybohnen (435 ml)
2–3 El Mehl
200 g saure Sahne
1 kleiner Radicchio
1–2 El Senf
1–2 Tl Zitronensaft

Garnierung

Serviettenknödel

Vorküche

Das Hähnchen gründlich waschen, trockentupfen, in 8 Stücke teilen, salzen und pfeffern. Die Zwiebeln schälen, in Ringe schneiden, Knoblauch schälen und fein hacken. Die Möhre schälen und fein würfeln.

Zubereitung

Die Hähnchenteile in 40 g Butterschmalz anbraten, das Fleisch herausnehmen und beiseite stellen. Zwiebeln, Knoblauch, Möhrenwürfel, Rosmarin und Lorbeerblatt zugeben und ebenfalls anbraten. Hähnchenteile wieder zugeben, mit 1 ½ Flaschen Bier ablöschen und alles etwa 40 Minuten schmoren lassen. In der Zwischenzeit die Champignons putzen, vierteln und in dem restlichen Butterschmalz anbraten, salzen und pfeffern. Die Bohnen abgießen und unter fließendem Wasser abspülen. Das Mehl mit dem restlichen Bier verrühren und kurz aufkochen lassen. Pilze, Bohnen und saure Sahne einrühren und alles bei schwacher Hitze etwa 5 Minuten köcheln lassen. Radicchio putzen, in Streifen schneiden und zur Soße geben. Alles mit Senf, Zitronensaft, Salz und Pfeffer abschmecken.

Servieren

Die Hähnchenteile in eine Schüssel geben und mit der Soße übergießen. Als Beilage schmeckt eine Portion Serviettenknödel.

Merkzettel

Radicchio ist wie der Chicorée ein Zichoriengewächs und hat einen leicht bitteren Geschmack.

Gänseleber auf Toast

Für 4 Personen
Zubereitungszeit: 20 Minuten
Bratzeit: 15 Minuten

Einkaufsliste/Zutaten

1 Gänseleber
Gänseschmalz
Salz
Weißer Pfeffer aus der Mühle
4 Scheiben getoastetes Schwarzbrot
1 Knoblauchzehe

Garnierung

1 El gestiftete Mandeln

Vorküche

Die Leber unter fließendem Wasser gut säubern und von allen Häuten befreien.

Zubereitung

Das Gänseschmalz erhitzen, die gesäuberte Leber von beiden Seiten kurz braten und immer wieder mit Gänsefett übergießen. Die Leber mit Salz und Pfeffer würzen, in vier Scheiben schneiden und im Schmalz abkühlen lassen. Das heiße, getoastete Schwarzbrot mit einer Knoblauchzehe einreiben und mit Gänseschmalz bestreichen.

Servieren

Auf jede Brotscheibe eine Scheibe Gänseleber legen und mit einigen Mandelstiften bestreuen.

Merkzettel

Gänseschmalz hat einen niedrigen Schmelzpunkt und wird darum gerne mit Schweineschmalz versetzt. Sein delikates Aroma verfeinert Rotkohl, Sauerkraut oder Bratkartoffeln.

Fischgerichte

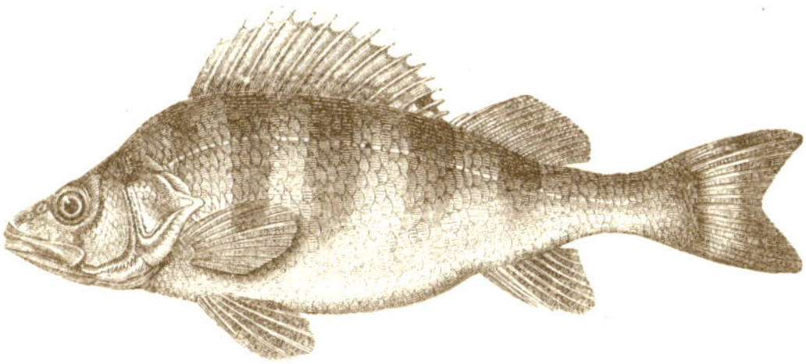

Karpfen in Biersoße

Für 4 Personen
Zubereitungszeit: 20 Minuten
Koch- & Bratzeit: 45 Minuten

Einkaufsliste/Zutaten

1 Karpfen (etwa 1 kg)
Saft von 1 ½ Zitronen
1 Bund Suppengrün
50 g Butter
20 g Mehl
2 Flaschen Malzbier
100 g Lebkuchen
1 Lorbeerblatt
2 Schalotten
1 Zitronenscheibe
1 El Rosinen
1 El blättrig geschnittene Mandeln
Salz
Zucker

Garnierung

Petersilienblättchen

Vorküche

Den vom Fischhändler vorbereiteten Karpfen unter fließendem Wasser gründlich waschen und – falls noch nicht geschehen – schuppen, Flossen und Kopf abtrennen. Den Fisch trockentupfen, in Portionsstücke schneiden und mit dem Saft einer Zitrone beträufeln.

Zubereitung

Das Suppengrün waschen, klein schneiden und in der erhitzten Butter anschwitzen. Mehl einstreuen, Farbe nehmen lassen und eine Flasche Bier angießen. Den Lebkuchen in dem restlichen Bier einweichen. Das Lorbeerblatt, die geputzten, klein geschnittenen Schalotten sowie die Zitronenscheibe zugeben. Den eingeweichten Lebkuchen zugeben und alles bei mäßiger Hitze etwa 20 Minuten garen lassen.
Die Karpfenstücke in die Soße geben und den Fisch je nach Größe weitere 25 Minuten gar ziehen lassen. Kurz vor Ende der Garzeit die Rosinen und die Mandeln zugeben und alles mit dem Saft einer halben Zitrone sowie mit Salz und Zucker abschmecken.

Servieren

Die Fischstücke auf einer vorgewärmten Platte anrichten, die Soße darüber verteilen und mit Petersilienblättchen bestreuen.

Merkzettel

Ältere Karpfen sollten vor dem Verzehr längere Zeit in klarem Wasser gehalten werden. Sie verlieren so ihren moosigen Geschmack.

Hecht mit Kapernsoße

Für 4 Personen
Zubereitungszeit: 20 Minuten (ohne Wartezeit)
Kochzeit: 45 Minuten

Einkaufsliste/Zutaten

1 Hecht (etwa 1–1,5 kg)
Salz
Saft von 1 Zitrone
100 g Butter
3 El Paniermehl
2 El geriebener Käse
250 ml saure Sahne
1 El Mehl
2 El Kapern
2 El Weißwein

Garnierung

3 El Petersilienblättchen

Vorküche

Den Hecht ausnehmen, unter fließendem Wasser gründlich säubern, die Flossen entfernen und mit einer Pinzette vorsichtig die langen Bauchgräten ziehen. Den Hecht innen und außen salzen, mit Zitronensaft beträufeln und im Kühlschrank eine Stunde ruhen lassen.

Zubereitung

Eine feuerfeste Auflaufform sorgfältig ausbuttern und den Fisch hineinlegen. Die restliche Butter erhitzen und über den Hecht gießen. Mit dem Paniermehl und dem geriebenen Käse bestreuen und die saure Sahne angießen. Den Hecht in den auf 200 °C vorgeheizten Backofen stellen und je nach Größe 35–45 Minuten garen.
Nach Ende der Garzeit den Fischsud abgießen und mit dem kalt angerührten Mehl binden. Die Kapern abgießen, in die Soße geben, alles noch einmal kurz aufkochen lassen und mit dem Weißwein abschmecken.

Servieren

Den Hecht vorsichtig auf eine vorgewärmte Platte heben, mit der Soße begießen und mit Petersilienblättchen bestreuen.

Merkzettel

Der Hecht ist ein Raubfisch und kann bis zu 30 kg schwer werden. Kleinere Exemplare, so genannte Grashechte von 1–2 kg, haben jedoch das delikatere Fleisch.

Karpfen blau

Für 4 Personen
Zubereitungszeit: 25 Minuten
Koch- & Backzeit: 1 Stunde

Einkaufsliste/Zutaten

1 Karpfen (etwa 1 kg)
Salz
2 El Essig
1 Kartoffel
250 ml Sahne
2 El geriebener Meerrettich
1 El Zitronensaft
Zucker

Garnierung

Dillzweige

Vorküche

Den ausgenommenen, aber nicht geschuppten Karpfen unter fließendem, kaltem Wasser ausspülen und innen salzen. Darauf achten, dass die Schleimschicht, die sich später blau verfärbt, nicht beschädigt wird. Den Essig erhitzen und den Karpfen damit übergießen, wodurch er die charakteristische blaue Farbe annimmt.

Zubereitung

Den Fisch auf die zum Servieren bestimmte, feuerfeste Platte stellen und mit auf der Unterseite eingeölter Alufolie abdecken. Zum besseren Halt kann man ihn über eine große, geschälte Kartoffel setzen. In den auf 200 °C vorgeheizten Backofen geben und etwa 50 Minuten garen (je nach Größe des Karpfens). In der Zwischenzeit die Sahne mit dem Meerrettich vermischen und mit Zitronensaft und Zucker abschmecken.

Servieren

Den Karpfen mit Dillzweigen garnieren und erst am Tisch portionieren. Den Sahnemeerrettich getrennt dazu reichen.

Merkzettel

Als Speisefisch eignen sich Karpfen von 1–2 kg. Ausgewachsene Exemplare können bis zu einem Meter lang werden und sind für die Küche nicht mehr geeignet. Das Fleisch hat dann oft einen modrigen Geschmack und einen hohen Fettanteil.

Gebratener Zander

Für 4 Personen
Zubereitungszeit: 20 Minuten
Koch- & Bratzeit: 25 Minuten

Einkaufsliste/Zutaten

1 Zander (etwa 1,5 kg)
200 g in feine Scheiben
geschnittener Räucherspeck
Salz
30 g Mehl
150 g Butter
4 Schalotten
200 ml saure Sahne
100 ml süße Sahne
1 Tl edelsüßes Paprikapulver

Garnierung

1 in Scheiben geschnittene Zitrone

Vorküche

Den Zander ausnehmen, entschuppen und unter fließendem Wasser gründlich abwaschen. Den Fisch mehrmals vom Rücken zum Bauch einschneiden, mit den Speckscheiben spicken, innen salzen und in 10 g Mehl wenden.

Zubereitung

Einen Großteil der Butter erhitzen und den Zander unter größtmöglicher Hitze von allen Seiten in etwa 15 Minuten rundum goldbraun braten. In der Zwischenzeit die Schalotten schälen, klein schneiden und in Butter anschwitzen. Die saure und die süße Sahne einrühren, das Paprikapulver zugeben und alles kurz aufkochen lassen. 20 g Mehl mit der restlichen Butter mischen und unter Rühren in die Zwiebelsoße geben. Die eingedickte Soße durch ein Sieb streichen und warm stellen.

Servieren

Den Zander auf einer vorgewärmten Platte anrichten und mit den Zitronenscheiben garnieren. Als Beilage schmeckt eine Portion Reis.

Merkzettel

Der Zander ist ein Edelfisch mit weißem, grätenarmem Fleisch. Als besondere Delikatesse gilt seine knusprig gebratene Haut, die auch beim Filetieren nicht abgezogen wird.

Paprikakarpfen

Für 4 Personen
Zubereitungszeit: 30 Minuten
Koch- & Backzeit: 50 Minuten

Einkaufsliste/Zutaten

1 Karpfen (etwa 1 kg)
Salz
Weißer Pfeffer aus der Mühle
4 Zwiebeln
100 g Fett
1 El scharfes Paprikapulver
4 rote Paprikaschoten
4 Tomaten

Garnierung

Petersilienblättchen

Vorküche

Den vom Fischhändler vorbereiteten Karpfen unter fließendem Wasser gründlich waschen. Den Kopf und die Flossen abtrennen und in Wasser mit geschlossenem Deckel 30 Minuten zu einem Fischsud sieden lassen.

Zubereitung

In der Zwischenzeit den Karpfen in Portionsstücke schneiden, salzen und pfeffern. Die Zwiebeln schälen, klein hacken und im Fett glasig anschwitzen. Das Paprikapulver zugeben und die Karpfenstücke darauf legen. Die Paprikaschoten putzen und in Streifen schneiden.
Die Tomaten mit heißem Wasser überbrühen, die Haut abziehen, in Scheiben schneiden und mit den Paprikastreifen zu dem Fisch geben. Mit Fischsud aufgießen und in dem auf 200 °C vorgeheizten Backofen 45 Minuten garen. Kurz vor Ende der Garzeit abschmecken und gegebenenfalls mit Salz und Pfeffer nachwürzen.

Servieren

Die Fischstücke auf einer vorgewärmten Platte anrichten, das Gemüse darüber geben und mit Petersilienblättchen garnieren. Als Beilage schmecken Salzkartoffeln.

Merkzettel

Anstelle von Karpfen kann man auch einen anderen Süßwasserfisch, wie z.B. Schleie, für dieses Gericht verwenden. Die Schleie gehört zur Familie der Karpfen und kann bis zu 2 kg schwer werden.

Forelle Müllerin

Für 4 Personen
Zubereitungszeit: 15 Minuten
Koch- & Bratzeit: 20 Minuten

Einkaufsliste/Zutaten

4 Forellen (je etwa 200 g)
Salz
Weißer Pfeffer aus der Mühle
3 El Öl
4 El Paniermehl
100 g Butter
1 Bund gehackte Petersilie

Garnierung

4 Zitronenviertel

Vorküche

Die ausgenommenen Forellen unter fließendem Wasser gründlich waschen, abtrocknen und innen salzen und leicht pfeffern.

Zubereitung

Die Fische mit Öl einpinseln und in Paniermehl wenden. 1 El Butter in einer Pfanne erhitzen und die Forellen zuerst bei starker Hitze kurz rundum anbraten und in etwa 10 Minuten bei mäßiger Hitze von beiden Seiten goldbraun garen. Die Fische aus der Pfanne nehmen und warm stellen. Die restliche Butter mit der Petersilie in einem Butterpfännchen erhitzen.

Servieren

Die Forellen auf vorgewärmten Tellern anrichten, mit der Petersilienbutter übergießen und mit je einem Zitronenviertel garnieren. Als Beilage schmecken Salzkartoffeln.

Merkzettel

Forellen sollten erst kurz vor der Zubereitung geschlachtet werden. Nur so kann der erlesene Geschmack erhalten bleiben.

Desserts & Mehlspeisen

Marillenknödel

Für 4 Personen
Zubereitungszeit: 35 Minuten
Koch- & Bratzeit: 25 Minuten

Einkaufsliste/Zutaten

1 kg Kartoffeln
Salz
300 g Mehl
1 Ei
120 g Butter
500 g Marillen (Aprikosen)
1 Schnapsglas Marillenbrand
Würfelzucker
100 g Paniermehl

Garnierung

Puderzucker

Vorküche

Die Kartoffeln waschen und mit der Schale in Salzwasser 20–25 Minuten garen. Die Kartoffeln abgießen, pellen und durch eine Kartoffelpresse geben. Mehl, eine Prise Salz, das Ei und die Hälfte der Butter zugeben und alles zu einem glatten Teig verarbeiten.

Zubereitung

Den Teig portionieren und jedes Stück zu einer Wurst formen, flach drücken und eine Marille aufsetzen. Vorher den Kern der Marille durch einen in Marillenbrand getränkten Zuckerwürfel ersetzen. Den Teig zusammendrücken und zu einem Knödel formen. So verfahren, bis der ganze Teig verarbeitet ist. Die Knödel in siedendes Wasser geben, so lange kochen, bis sie an die Oberfläche steigen, und mit einem Schaumlöffel abschöpfen. In der Zwischenzeit die restliche Butter mit dem Paniermehl anbräunen und die abgetropften Marillenknödel darin wenden.

Servieren

Die Marillenknödel auf einer vorgewärmten Platte anrichten, mit Puderzucker bestreuen und noch heiß servieren.

Merkzettel

Anstelle der Marillen können auch andere Früchte wie z. B. Zwetschgen oder Erdbeeren verwendet werden.

Böhmische Buchteln

Für 4 Personen
Zubereitungszeit: 20 Minuten (ohne Wartezeit)
Backzeit: 40 Minuten

Einkaufsliste/Zutaten

Für den Teig

500 g Mehl
30 g Hefe
50 g Zucker
250 ml lauwarme Milch
40 g Butter
2 Eier
1 Tl Salz
Abgeriebene Schale
einer unbehandelten Zitrone

Für den Backvorgang

75 g Butter

Garnierung

Puderzucker
Vanillesoße

Vorküche

Alle Zutaten für den Teig in eine Schüssel geben und mit dem Handrührgerät zu einem geschmeidigen Teig verarbeiten. Den Teig in dem auf 50 °C vorgeheizten Backofen 20 Minuten ruhen lassen, den Backofen ausschalten und nochmals etwa 10 Minuten gehen lassen.

Zubereitung

Den Teig erneut gründlich durchkneten, in circa 50 g schwere Stücke teilen und zu Kugeln formen. Die Butter in einer entsprechend großen Auflaufform zerlassen, die Buchteln hineinsetzen und nochmals 15 Minuten gehen lassen. In der Zwischenzeit den Backofen auf 220 °C vorheizen und die Buchteln in 30–40 Minuten goldbraun backen.

Servieren

Die Buchteln mit Puderzucker bestreuen und noch warm zu Tisch bringen. Zur Verfeinerung schmeckt eine Vanillesoße.

Merkzettel

Buchteln werden traditionsgemäß zur Kaffeetafel gereicht.

Mohnklöße

Für 4 Personen
Zubereitungszeit: 50 Minuten (ohne Wartezeit)
Kochzeit: 20 Minuten

Einkaufsliste/Zutaten

300 g frisch gemahlener Mohn
875 ml Milch
50 g Zucker
80 g Mandeln
150 g Rosinen
50 g Zitronat
1 El Zucker
½ Tl Zimt
3 altbackene Brötchen

Garnierung

Vanillesoße

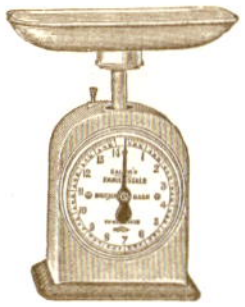

Vorküche

Den Mohn im Reformhaus frisch mahlen lassen, da er nur ein bis zwei Tage haltbar ist, er wird dann schnell bitter. Den Mohn mit 375 ml kochender gesüßter Milch übergießen und 15 Minuten ziehen lassen. Die Mandeln ebenfalls mit heißem Wasser übergießen, abziehen und klein hacken. Rosinen ebenfalls mit heißem Wasser überbrühen und quellen lassen.

Zubereitung

Mandeln, Rosinen und Zitronat in die Mohnmilch geben und alles unter ständigem Rühren auf kleiner Flamme zu einer dicken Masse verarbeiten. 500 ml Milch mit Zucker und Zimt verrühren und die in 1 cm dicke Scheiben geschnittenen Brötchen darin einweichen. In einer Schüssel abwechselnd eine Schicht Brötchen und eine Schicht Mohnmasse schichten. So verfahren, bis alle Zutaten aufgebraucht sind, und dabei mit einer Mohnschicht abschließen.

Servieren

Die Mohnklöße im Kühlschrank gut durchkühlen und mit Vanillesoße als Nachtisch oder zur Kaffeetafel reichen.

Merkzettel

Mohnöl ist eine besondere Delikatesse und verfeinert Salate, Süßspeisen und Backwaren.

Böhmische Adventplätzchen

Für 4 Personen
Zubereitungszeit: 30 Minuten
Backzeit: 25 Minuten

Einkaufsliste/Zutaten

200 g Butter
125 g Zucker
1 Päckchen Vanillinzucker
2 Eigelbe
250 ml Milch
Abgeriebene Schale einer unbehandelten Zitrone
250 g Mehl
50 g Rosinen
50 g gehobelte Mandeln
50 g Zitronat
Oblaten

Garnierung

Puderzucker

Vorküche

Die weiche Butter mit dem Zucker und Vanillinzucker schaumig rühren. Nach und nach die Eigelbe, Milch und Zitronenschale unterarbeiten. Das Mehl sorgfältig sieben und löffelweise zugeben. Zuletzt die Rosinen, Mandeln und das Zitronat unterheben.

Zubereitung

Die Oblaten auf ein Backblech verteilen und mit einem Teelöffel kleine Teighäufchen darauf setzen. In dem auf 200 °C vorgeheizten Backofen etwa 25 Minuten backen. Die Plätzchen aus dem Backofen nehmen und auskühlen lassen.

Servieren

Die Adventplätzchen auf einem großen Teller anrichten und mit Puderzucker bestreuen.

Merkzettel

In einer verschlossenen Blechdose kann man die Adventplätzchen längere Zeit aufbewahren.

Palatschinken

Für 4 Personen
Zubereitungszeit: 20 Minuten (ohne Wartezeit)
Koch-, Brat- & Backzeit: 45 Minuten

Einkaufsliste/Zutaten

Für den Teig

100 g Mehl
1 Päckchen Vanillezucker
Salz
250 ml Milch
4 Eier
50 g Butter

Für die Füllung

100 g Rosinen
Abgeriebene Schale einer unbehandelten Zitrone
50 g geriebene Haselnusskerne
Kardamom
100 g Himbeermarmelade
2 El Zitronensaft
2 cl Rum
1 Tl Butter
250 ml saure Sahne

Garnierung

1 El Puderzucker

Vorküche

Das Mehl in eine Schüssel sieben, in die Mitte eine Mulde drücken und Vanillezucker, Salz, die handwarme Milch und die Eier zugeben. Mit einem Schneebesen alles zu einem glatten Eierkuchenteig verarbeiten und etwa 30 Minuten ruhen lassen.

Zubereitung

Die Butter in einer Pfanne erhitzen und dünne Pfannkuchen von etwa 3 mm darin ausbacken. Nach und nach den gesamten Teig verarbeiten. Für die Füllung die Rosinen waschen, abtrocknen und mit der Zitronenschale, den geriebenen Haselnüssen und einer Prise Kardamom in einer Schüssel mischen. Die Himbeermarmelade mit dem Zitronensaft und dem Rum in einem Topf erhitzen und langsam unter die Rosinen-Nuss-Masse arbeiten. Die Palatschinken mit der Füllung bestreichen und zusammenrollen. In eine ausgebutterte Form legen und die saure Sahne darüber gießen. In den auf 220 °C vorgeheizten Backofen stellen und 20 Minuten backen.

Servieren

Nach Ende der Garzeit die Palatschinken aus dem Backofen nehmen, mit Puderzucker bestreuen und noch heiß servieren.

Merkzettel

Palatschinken schmecken auch pikant zubereitet mit einer Füllung aus Hackfleisch, Zwiebeln und Gewürzgurken.

Rumkuchen

Für 4 Personen
Zubereitungszeit: 30 Minuten (ohne Wartezeit)
Koch- & Backzeit: 50 Minuten

Einkaufsliste/Zutaten

250 ml Milch
15 g Hefe
2 Eier
50 g Butter
1 El Zucker
200 g Mehl
150 ml Rum

Garnierung

Puderzucker
Schlagsahne

Vorküche

Die Milch erwärmen und die Hefe darin auflösen. Die Eier mit einem Schneebesen schaumig schlagen und zusammen mit der weichen Butter und dem Zucker in die Milch geben. Alle Zutaten gut miteinander mischen. Das Mehl einsieben und alles zu einem leichten Teig verarbeiten.

Zubereitung

Den Teig in eine feuerfeste Form geben und an einem warmen Ort gehen lassen. In der Zwischenzeit den Backofen auf 200 °C vorheizen und den Kuchen etwa 50 Minuten backen. Nach Ende der Garzeit den Kuchen aus dem Ofen nehmen, abkühlen lassen und mit Rum tränken.

Servieren

Vor dem Servieren den Kuchen mit Puderzucker bestreuen und Schlagsahne dazu reichen.

Merkzettel

Alle Backzutaten sollten bei der Verarbeitung Zimmertemperatur haben.

Zwetschgenkuchen

Für 6 Personen
Zubereitungszeit: 25 Minuten (ohne Wartezeit)
Backzeit: 30 Minuten

Einkaufsliste/Zutaten

Für den Teig

400 g Mehl
2 Eier
100 g Zucker
Salz
Abgeriebene Schale einer halben, unbehandelten Zitrone
200 g Butter

Für den Belag

1 kg Zwetschgen

Garnierung

Hagelzucker

Vorküche

Das Mehl in eine Schüssel sieben, die Eier, Zucker, Salz, Zitronenschale und die Butter zugeben und alles zu einem geschmeidigen Teig verarbeiten. Den Teig mit einem Küchentuch abdecken und im Kühlschrank eine Stunde ruhen lassen.

Zubereitung

In der Zwischenzeit die Zwetschgen verlesen, waschen, abtropfen lassen, halbieren und entsteinen. Den Teig auf einer mit Mehl bestreuten Arbeitsfläche auf eine Größe von etwa 25 x 40 cm ausrollen. Das Backblech mit Backpapier auslegen und den Teig vorsichtig darauf legen. Die Zwetschgen mit der Schnittfläche darauf verteilen und leicht andrücken. Das Blech in den auf 200 °C vorgeheizten Backofen geben und 30 Minuten backen.

Servieren

Den Kuchen aus dem Ofen nehmen, mit Hagelzucker bestreuen und in Portionsstücke schneiden.

Merkzettel

Am besten schmeckt der Zwetschgenkuchen, wenn er gleich verzehrt wird, da die Früchte den Teig schnell aufweichen.

Johannisbeertorte

Für 6 Personen
Zubereitungszeit: 25 Minuten (ohne Wartezeit)
Backzeit: 50 Minuten

Einkaufsliste/Zutaten

Für den Teig
200 g Mehl
150 g Butter
2 El Zucker
Salz
2 El Weißwein

Für den Belag
500 g Johannisbeeren
400 g Zucker
5 Eiweiße
Butter für die Form

Garnierung
2 Tl Johannisbeeren

Vorküche

Für den Teig das Mehl in eine Schüssel sieben, alle Zutaten zufügen und zu einem glatten Teig verarbeiten. Den Teig abgedeckt im Kühlschrank 1 Stunde ruhen lassen.

Zubereitung

In der Zwischenzeit die Johannisbeeren verlesen, waschen und abtropfen lassen und mit 150 g Zucker mischen. Die Eiweiße mit einem Schneebesen zu einem festen Schnee schlagen.
Den übrigen Zucker nach und nach unterarbeiten. Den Teig auf einer mit Mehl bestreuten Arbeitsfläche zu einer runden Platte ausrollen, in eine gebutterte Springform legen und einen etwa 3 cm hohen Rand hochziehen. Die Hälfte der Eiweißmasse auf dem Teigboden sorgfältig verteilen, die Johannisbeeren darauf geben, einen Rest beiseite legen und mit der restlichen Eiweißmasse abdecken. Den Kuchen in den auf 200 °C vorgeheizten Backofen geben und 50 Minuten backen.

Servieren

Den Kuchen aus dem Backofen nehmen, auskühlen lassen, vorsichtig aus der Form nehmen und mit den restlichen Johannisbeeren garnieren.

Merkzettel

Johannisbeeren gibt es in den Farben Rot, Weiß, Rosa, Gelb und Schwarz. Allen gemein ist jedoch ein besonders hoher Anteil an Vitamin C.

Bratäpfel

Für 4 Personen
Zubereitungszeit: 15 Minuten
Backzeit: 25 Minuten

Einkaufsliste/Zutaten

4 Äpfel (Boskop)
Butter zum Einfetten
8 El Preiselbeerkompott
20 g Butter

Garnierung

200 ml Sahne
1 Beutel Vanillezucker

Vorküche

Die Äpfel gründlich waschen, abtrocknen, Stiele und Kerngehäuse entfernen. Ein Backblech einfetten und die Äpfel darauf setzen.

Zubereitung

Die Äpfel mit dem Preiselbeerkompott füllen und je ein Butterflöckchen obenauf setzen. Die gefüllten Äpfel in den auf 220 °C vorgeheizten Backofen stellen und etwa 25 Minuten backen.

Servieren

Die Äpfel auf Desserttellern anrichten, die Sahne mit dem Vanillezucker mischen, schlagen und auf die Äpfel verteilen.

Merkzettel

Boskopäpfel haben ein feines säuerliches Aroma und ein mürbes Fruchtfleisch und eignen sich darum besonders gut zur Zubereitung von Bratäpfeln.

Register